essentials

Essentials liefern aktuelles Wissen in konzentrierter Form. Die Essenz dessen, worauf es als „State-of-the-Art" in der gegenwärtigen Fachdiskussion oder in der Praxis ankommt, komplett mit Zusammenfassung und aktuellen Literaturhinweisen. Essentials informieren schnell, unkompliziert und verständlich

- als Einführung in ein aktuelles Thema aus Ihrem Fachgebiet
- als Einstieg in ein für Sie noch unbekanntes Themenfeld
- als Einblick, um zum Thema mitreden zu können.

Die Bücher in elektronischer und gedruckter Form bringen das Expertenwissen von Springer-Fachautoren kompakt zur Darstellung. Sie sind besonders für die Nutzung als eBook auf Tablet-PCs, eBook-Readern und Smartphones geeignet.

Essentials: Wissensbausteine aus Wirtschaft und Gesellschaft, Medizin, Psychologie und Gesundheitsberufen, Technik und Naturwissenschaften. Von renommierten Autoren der Verlagsmarken Springer Gabler, Springer VS, Springer Medizin, Springer Spektrum, Springer Vieweg und Springer Psychologie.

Colja M. Dams · Stefan Luppold

Hybride Events

Zukunft und Herausforderung
für Live-Kommunikation

Colja M. Dams
VOK DAMS Events GmbH
Wuppertal
Deutschland

Stefan Luppold
Duale Hochschule Baden-Württemberg
Ravensburg
Deutschland

ISSN 2197-6708
essentials
ISBN 978-3-658-12600-1
DOI 10.1007/978-3-658-12601-8

ISSN 2197-6716 (electronic)

ISBN 978-3-658-12601-8 (eBook)

Die Deutsche Nationalbibliothek verzeichnet diese Publikation in der Deutschen Nationalbibliografie; detaillierte bibliografische Daten sind im Internet über http://dnb.d-nb.de abrufbar.

Springer Gabler
© Springer Fachmedien Wiesbaden 2016

Gedruckt auf säurefreiem und chlorfrei gebleichtem Papier

Springer Fachmedien Wiesbaden ist Teil der Fachverlagsgruppe Springer Science+Business Media
(www.springer.com)

Was Sie in diesem Essential finden können

- Paradigmenwechsel in der Kommunikation hat stattgefunden
- Was sind hybride Events überhaupt?
- Das Instrumentarium der hybriden Events
- Warum sind hybride Events den klassischen überlegen?
- Hybride Events als Antwort auf die Bedürfnisse der neuen Zielgruppen
- Die Herausforderung an zeitgemäße Markenkommunikation
- Praktische Projektbeispiele

Inhaltsverzeichnis

1 **Hybride Events** 1
  1.1 Der Wandel zu Hybrid Events 1
  1.2 Einsatzmöglichkeiten von hybriden Event-Tools 9
  1.3 Vorteile Hybrid Events 11

2 **Zukunftsaussichten für Hybrid Events** 15
  2.1 Digital Natives 15
  2.2 Digital Immigrants 16
  2.3 Neue Eventkonzepte 17
  2.4 Zukünftige Eventtechnologien 21

3 **Fallbeispiele** 27
  3.1 Ahoj Brause 27
  3.2 Ball Packaging Europe 29

4 **Zehn Grundregeln zum Einsatz von hybriden Events** 33

Was Sie aus diesem Essential mitnehmen können: Hybride Events 35

Literatur 37

Die Autoren

Colja M. Dams ist seit 1998 geschäftsführender Gesellschafter der VOK DAMS Agentur für Events und Live-Marketing, die sich seit Gründung im Jahr 1971 mit ihrem Leistungsangebot auf direkte, erlebnis- und ergebnisorientierte Marketing-Kommunikation spezialisiert hat. Der an der Universität Witten/Herdecke graduierte Diplom-Ökonom erkannte frühzeitig die Bedeutung der Internationalisierung der Branche sowie die Bedeutung der Nähe zu seinen Kunden und setzte daher auf vernetzte Strategien. Dank seines Engagements hat die Wuppertaler Eventagentur mittlerweile weitere innerdeutsche Standorte in Berlin, Hamburg, München, Frankfurt und Stuttgart sowie Niederlassungen in Brasilien, Frankreich, UK, Tschechien, den USA, China und Dubai. Mit innovativen Ansätzen setzt er immer wieder neue Maßstäbe bei Events und Live-Marketing, die von VOK DAMS Strategic Solutions ständig am Puls der Zeit weiterentwickelt werden.

Prof. Stefan Luppold ist seit 2011 Professor an der staatlichen DHBW (Duale Hochschule Baden-Württemberg) Ravensburg; dort leitet er den Studiengang „Messe-, Kongress- und Eventmanagement". Zudem ist er Leiter des von ihm gegründeten Instituts für Messe-, Kongress- und Eventmanagement (IM-KEM).

Von 2006 bis 2011 war er als Professor an der Karlshochschule International University, wo er den Studiengang „MEEC Management" (Meeting,

Exposition, Event and Convention Management) verantwortete. Von 2007 bis 2013 lehrte er als Gastprofessor in Shanghai.

Zuvor war er fast zwei Jahrzehnte lang in internationale Projekte der MICE-Branche eingebunden, darunter bei Messe- und Kongressgesellschaften, Stadien und Arenen, Kultureinrichtungen sowie den Veranstaltungsabteilungen wissenschaftlicher Verbände und Event-Agenturen. Neben Skandinavien und Großbritannien, wo Prof. Luppold unter anderem mit dem Royal Opera House in London und dem Fußball-Club Manchester United arbeitete, war er für Kongresszentren in Südafrika und Sonderprojekte – wie etwa die Expo Hannover im Jahr 2000 – tätig.

Neben zahlreichen Buchbeiträgen und Fachartikeln ist Professor Luppold Herausgeber einer Fachbuchreihe, in der unter anderem die Bände „Mobile Messe Marketing", „Event-Marketing: Trends und Entwicklungen" sowie „Event-Marketing im Customer Relationship Management" erschienen sind. Als Mitherausgeber veröffentlichte er 2013 das „Handbuch Messe-, Kongress- und Eventmanagement".

Hybride Events

1

1.1 Der Wandel zu Hybrid Events

Definition und Standortbestimmung

Willkommen in der Gegenwart. Events und Live-Marketing sind heute ohne die Einbeziehung der digitalen Kanäle nicht mehr denkbar. Schauen wir also zunächst auf die Frage: „Was verstehen wir unter hybriden Events?" (siehe Abb. 1.1)

Als Basiskomponente eines jeden Hybrid Events dient das klassische Event als realer, dialog- und erlebnisorientierter Raum für Kommunikation zwischen Unternehmen, Marken und ihren Interessengruppen. Die zweite Komponente setzt sich aus allen neuzeitlichen Kommunikationskanälen, Technologien und Geräten zusammen, die Menschen heute nutzen, um miteinander in Verbindung zu treten (Leitinger 2013 und Luppold 2011).

Während Hybrid Events in den USA eher als (virtuelles) Zusatzevent verstanden werden, hat sich in unseren Breiten eine physisch-digitale Mischform aus Live-Events und virtueller Kommunikation etabliert. Hybrid Events verbinden das Live Marketing mit mobilen Applikationen, Social Media Anwendungen und Location Based Services (standortbezogene Zusatzdienste) (VOK DAMS 2012).

Hybrid Events = Live + MoSoLo

Durch ihre offene, auf Mitbestimmung und Mitmachen ausgerichtete Natur bilden sie eine ideale Grundlage, um unternehmens- und markenbezogene Inhalte an eine größtmögliche Zahl von Empfängern zu übermitteln. Durch die Bündelung der modernen Kommunikationskanäle erreichen Hybrid Events nicht nur breite Aufmerksamkeit bei den Zielgruppen; sie erreichen sie auch wesentlich persönlicher und intensiver als es „klassische" Werbung, Public Relations oder Sponsoring-Maßnahmen vermögen (Köppel 2013).

© Springer Fachmedien Wiesbaden 2016
C. M. Dams, S. Luppold, *Hybride Events,* essentials,
DOI 10.1007/978-3-658-12601-8_1

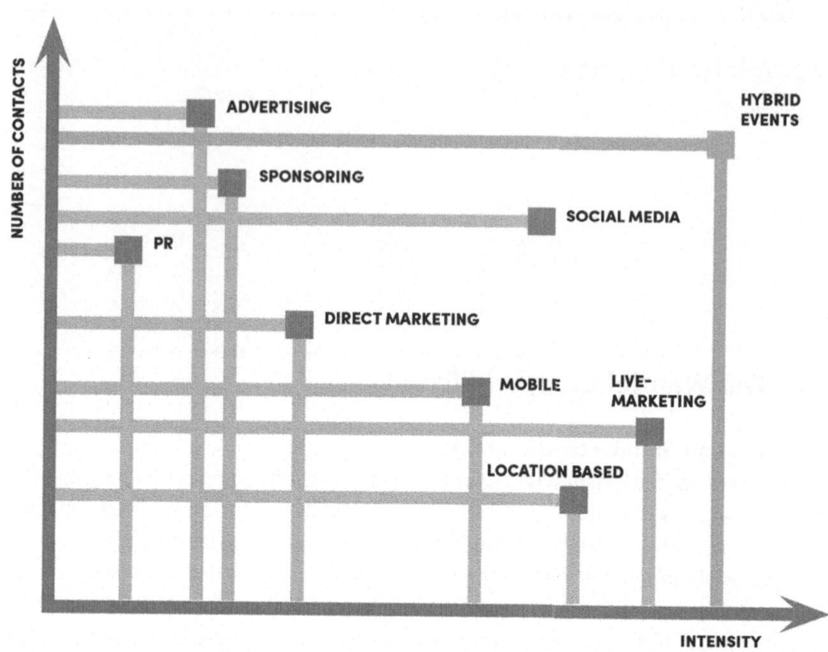

Abb. 1.1 Hybrid Events in der Kundenkommunikation

Indem sie ein reales Event im Vor-, Haupt-, und Nachfeld (Holzbaur et al. 2010) um tragende Elemente der virtuellen Interaktion bereichern, sind hybride Event-strategien wahre Win-Win-Konzepte der modernen Kundenkommunikation (Dams 2011).

Marketingtrend oder Dauerbrenner?
Live-Kommunikation besteht im modernen Sinne nicht mehr nur aus Events, Messen oder Roadshows. Sie bedeutet heute weitaus mehr als das lebendige Zusammentreffen von Kunden, Mitarbeitern und Zielgruppen, um bei inszenierten Ereignissen mit der Welt eines Unternehmens oder einer Marke gedanklich und emotional in Kontakt zu treten (Dams 2013).

Die Inszenierung von Live-Kommunikation muss sich bei den neuen Formen der Interaktion und Kommunikation bedienen, sie verstehen und umsetzen, um sich den Bedürfnissen einer veränderten Gesellschaft anzupassen.

Egal, ob geschäftlich oder privat: Soziale Netzwerke, Blogs, Plattformen für Videos, Fotos oder standortbezogene Dienste sind über mobile Applikationen, Tablet-PCs und Smartphones heute an fast jedem Ort der Welt verfügbar.

Durch ihre Omnipräsenz im alltäglichen Leben haben sich diese Technologien und Kanäle längst auch zu einem bedeutenden Kontaktpunkt zwischen Unternehmen, Marken und ihren Zielgruppen entwickelt. Diese Entwicklung ist weder Trend noch Zukunft. Sie ist Realität.

Kunden kaufen nicht nur, sie kreieren, teilen, empfehlen, unterstützen oder kritisieren Unternehmen, Produkte und Dienstleistungen im virtuellen Raum. Dabei suchen Sie nicht nur Informationen, sondern auch Spaß, Kontakt und den Austausch mit anderen – am besten als Komplettpaket.

Hybride Live-Kommunikation als Verbindung von realer und virtueller Ansprache ist weder Konzept noch Instrument. Sie ist vielmehr ein System, in dem sich traditionelle und moderne Kommunikationskanäle nicht nur miteinander verbinden, sondern sich auch aufeinander beziehen.

Um bestmögliche Ergebnisse zu erzielen, muss hybride Kommunikation dieses eng verwobene System von Wechselbeziehungen und Kommunikationskanälen unter Hochspannung setzen, es aufladen und zum Leben erwecken.

Gelingt dies, so entsteht ein vermischter Raum aus realer und digitaler Welt, in dem Unternehmen und Marken auf ihre Interessengruppen treffen und voneinander profitieren können. Hybride Eventstrategien beschränken sich dabei nicht nur auf eine Plattform, eine Technologie oder ein Gerät alleine, sie nutzen alle Wechselbeziehungen und Kommunikationskanäle des virtuellen Systems zugleich. Sie sind allumfassend netzwerkfähig, kurz: hyperkonnektiv.

Die Erweiterung der Kommunikation mit hybriden Maßnahmen zielt aber nicht (nur) auf die bestmögliche Verbindung zwischen Technologien und Geräten ab, sondern in erster Linie auf die allumfassende Netzwerkfähigkeit von Ereignissen, Erlebnissen, Inhalten und sozialen Beziehungen.

Ein Unternehmen verbindet sich über Plattformen mit Zielgruppen, während diese über ihre mobilen Geräte mit den Plattformen verbunden sind.

Veranstalter wiederum verbinden sich über Inhalte mit ihren Zielgruppen, bis diese als Teilnehmer neue Inhalte zurück an die Communities senden.

So entsteht ein Netzwerk aus Beziehungen, welches sowohl für die Teilnehmer als auch für die Unternehmen mit vielen Vorteilen verbunden sein kann (Kirchgeorg et al. 2009).

Hybride Eventstrategien verleihen Botschaften die Fähigkeit zur Integration in soziale Strukturen und machen sie digital salonfähig.

Mobile Applikationen
Mobile Applikationen für Tablet-PCs und Smartphones spielen bei Hybrid Events eine wichtige Rolle. Sie dienen den Teilnehmern einerseits als Schnittstelle zwischen dem realen und virtuellen Raum und ermöglichen ein Höchstmaß an

persönlicher Interaktion; andererseits ermöglichen sie dem Veranstalter zielgerichtet, direkt und in Echtzeit mit den Besuchern zu kommunizieren.

Über den Apple App Store™, Google play ™ oder die BlackBerry App World™ werden die individuell programmierten Anwendungen den Teilnehmern meist kostenlos zur Verfügung gestellt. Sie lassen sich mit wenigen Klicks und binnen kürzester Zeit auf den mobilen Endgeräten installieren.

Besonders nützlich und beliebt sind zum Beispiel City- oder Event-Guides, die den Teilnehmern einen breiten Überblick über das Event oder das Umfeld einer Veranstaltung vermitteln. Ob Hotel-Tipps, Sightseeing, Shopping, Wellness oder Nightlife: Der City-Guide ersetzt den herkömmlichen Reiseführer und bietet den Teilnehmern eine ganze Palette an nützlichen Zusatzdiensten und Mehrwerten. Durch das individuelle, veranstaltungsbezogene Branding beginnt die gedankliche Auseinandersetzung mit Event und Veranstalter bereits beim ersten Öffnen der Anwendung und kann bis weit über den Zeitraum des physischen Events hinaus wirken. Je nach Veranstaltungsort sogar bis zur nächsten Urlaubsreise.

Hilfreiche Informationen zum Event-Umfeld, nützliche Redewendungen der jeweiligen Landessprache, Taxi oder Notrufnummern schaffen einen zusätzlichen Mehrwert und runden das Informationsangebot ab.

Im Hinblick auf das physische Event können Apps zum Beispiel über den Ablauf und andere relevante Inhalte informieren. Bereits im Vorfeld können sich die Teilnehmer so einen Überblick über die Rahmenbedingungen eines Events verschaffen und sich umfassend über die Gegebenheiten vor Ort informieren.

Die Veranstaltungs-Apps verfügen, neben Plänen der Eventlocation oder einem Kalender für individuelle Programmpunkte, auch häufig über ein integriertes Kommunikationsportal, welches direkt mit den wichtigsten sozialen Plattformen und Netzwerken – oder sogar direkt mit der Cloud auf dem heimischen PC – verknüpft ist.

Diese Funktionen erleichtern das spontane Verwalten und Weiterleiten für die Teilnehmer erheblich und haben eine stark aktivierende und involvierende Wirkung.

Software zum Scannen von Quick Response (QR) Codes oder Augmented Reality Anwendungen sind ebenfalls häufig in die Apps integriert und ermöglichen eine umfassende Netzwerkfähigkeit von Plattformen und Inhalten.

Bei Hybrid Events tragen nicht nur die Programmpunkte und Aktionen zur Entstehung eines individuellen Erlebnisses bei. Dank den mobilen Applikationen und maßgeschneiderten Inhalten erhält der klassische Eventteilnehmer heute mehr Eigenständigkeit und persönlichen Handlungsspielraum denn je.

Wünscht er sich zum Beispiel zusätzliche Informationen zu einem bestimmten Dienst oder Produkt, so kann er sich diese schnell und einfach über das Scannen der QR Codes beschaffen, ohne vorher das Gespräch mit einem Mitarbeiter suchen zu müssen. Ähnlich eines Barcode-Scanners im Supermarkt erfasst die Applikation über die Kamera des Smartphones den Code und wandelt ihn für den Teilnehmer auf direktem Wege in die gewünschte Broschüre oder Website um (Bernard und Luppold 2010).

Doch nicht nur das.

Event-Apps ermöglichen nicht nur das sekundenschnelle Abrufen von digitalen Informationen, sie erleichtern gleichzeitig auch deren Speicherung und Weiterverarbeitung. Über die integrierte Kommunikationszentrale lassen sich die Inhalte hinter QR Codes mit wenigen Klicks bei Facebook oder Twitter publizieren oder können in den Veranstaltungs-Ordner in einer Cloud (z. B. iCloud oder DropBox) übertragen werden.

Die Zeiten, in denen Eventbesucher am Ende eines Veranstaltungstages Taschen voller Informationsmaterialien nach Hause getragen haben, sind somit passé. Dies spart den Teilnehmern Aufwand bei der Informationssuche und den Unternehmen Kosten bei der Produktion.

Durch die Event-App werden Smartphone oder Tablet-PC für die Teilnehmer zu einer Art Fenster, durch das sie Einblicke in eine erweiterte Realität, die Augmented Reality (AR), erhalten können.

Im Gegensatz zur QR-Technologie leitet die App den Teilnehmer hier nicht nur zum betreffenden Inhalt weiter, sondern zeigt diesen direkt und interaktiv auf dem Bildschirm des mobilen Gerätes an.

Indem die Anwendung eine Augmented Reality Markierung (sogenannte Marker) beispielsweise live in die dreidimensionale Produkt-Animation oder eine Videopräsentation umwandelt, tritt der Teilnehmer unmittelbar mit den Eventobjekten in Kontakt, kann mehr über ihre Funktionen erfahren oder individuell ihr Aussehen verändern. Dadurch ermöglicht die Integration von Augmented Reality Anwendungen eine völlig neue Dimension der Eventkommunikation und involviert die Teilnehmer in besonders hohem Maße in das Geschehen vor Ort.

Im Gegensatz zu QR Codes können Augmented Reality Anwendungen nicht nur Barcodes, sondern jegliche Texte, Logos und Bilder in virtuell erkundbare Strukturen oder Videos umwandeln. Viele Applikationen bieten gleichzeitig eine Schnappschuss-Funktion, mit deren Hilfe die virtuell erzeugten Bilder und Animationen fotografiert und über die interne Kommunikationszentrale direkt an soziale Netzwerke, das eigene E-Mail Postfach oder die Cloud verschickt werden können.

Je nützlicher und individueller die Funktionen auf dem mobilen Gerät gestaltet sind, desto höher sind auch der informative Nutzen und die soziale Anschlussfähigkeit der Botschaften.

Durch die Vielfalt von Funktionen haben sich individuell gestaltete Veranstaltungs-Applikationen zu hoch wirksamen Triebfedern von Aktivierung und Involvement entwickelt. Sie vermögen es, die Teilnehmer zu beeindrucken, sie positiv zu emotionalisieren und das individuelle Event-Erlebnis spielerisch zu bereichern.

Der Nutzen, der den Teilnehmern durch die Verwendung solcher Applikationen entsteht, wirkt sich letztlich auch positiv auf das Image des Veranstalters aus.

Social Media

Soziale Netzwerke sind hoch wirksame Instrumente, um einem großen Zielpublikum kostengünstig veranstaltungsbezogene Inhalte zugänglich zu machen. Auf ihnen findet der größte Teil des virtuellen Austausches zwischen Teilnehmern und Unternehmen statt (Behrens 2012).

Dienste wie Facebook, YouTube und Twitter können bereits in der frühen Planungsphase genutzt werden, um die Teilnehmer auf Event und Unternehmen aufmerksam zu machen und sie regelmäßig über Neuigkeiten zu informieren. Der wichtigste Erfolgsfaktor bei der Nutzung von sozialen Diensten für die Event-Kommunikation liegt in der Beschaffenheit der bereitgestellten Inhalte.

Für alle sozialen Netzwerke und Plattformen gilt: Nur was gefällt, wird wahrgenommen und geteilt. Was besonders gut gefällt, kann sich sogar ganz von selbst (viral) verbreiten. Um sozial netzwerkfähig zu werden, müssen die Inhalte bei den Teilnehmern bestimmte Interessen oder Motive ansprechen.

Um die gewünschten Effekte (Gefallen, Teilen, Weiterleiten, Kommentieren) zu erzielen, müssen sowohl Videos und Fotos als auch Botschaften für die hybride Eventkommunikation sozial anschlussfähig in Szene gesetzt werden. Lachen, Rätselraten, Spielen oder kreative Herausforderungen sind dabei besonders effektive Triebfedern für soziale Interaktion (Schäfer-Mehdi 2012).

Dies kann zum Beispiel in Form von Gewinnspielen und Wettbewerben oder durch Abstimmungen über Locations oder Eventbestandteile erreicht werden, um nur einige Beispiele zu nennen.

Wenn Teilnehmer die Möglichkeit erhalten, durch eigenes Mitwirken elementare Bestandteile eines Events selbst zu gestalten, steigt auch automatisch ihr persönliches Involvement gegenüber Event und Veranstalter.

Sind die einzelnen virtuellen Kanäle sinnvoll und umfassend miteinander verknüpft, so erweisen sich Hybrid Events durch ihre Anbindung an soziale Plattformen über den gesamten Eventmarketingprozess hinweg als regelrechte Awareness- und Involvement-Booster.

Ob Facebook, XING, Flickr, YouTube, Blogs oder Twitter: Unternehmen, die hybride Eventstrategien für ihre Kommunikation nutzen möchten, müssen darauf achten, dass sämtliche Kommunikationskanäle sowohl miteinander verbunden als auch aufeinander bezogen sind.

Der ideale Effekt wird erzielt, wenn die Inhalte eines YouTube-Videos zum Teilen auf Facebook motivieren, der anschließende Beitrag im Netzwerk wiederum andere Nutzer zum Ansehen des Videos anstiftet und diese wiederum mit einer Twitter-Nachricht ihr eigenes Netzwerk über den gefundenen Inhalt informieren.

Beiträge können auch mit sogenannten Hashtags, zu Deutsch etwa Rauten-Kennzeichen, versehen werden.

Hashtags sind Stichworte oder Themen- Markierungen, die durch eine Raute („#") gekennzeichnet sind und den Nutzern helfen, in der digitalen Welt themenbezogene Inhalte zu finden und zu strukturieren.

Je interessanter ein Inhalt gestaltet und je leichter er im sozialen Netz auffindbar ist, desto schneller und wirksamer kann er über soziale Netzwerke und Dienste wahrgenommen und verbreitet werden.

Weitere Potenziale von Hybrid Events liegen im Spannungsfeld zwischen Anonymität und Selbstdarstellung.

Teilnehmer, die auf Social-Media-Plattformen kommunizieren, geben zwar kleine Teile ihrer Identität preis, bleiben gegenüber den Unternehmen allerdings dennoch weitgehend anonym, da die Fan-Seiten keinen Einblick in die privaten Nutzerprofile zulassen.

Diese Anonymität senkt die Hemmschwelle der Community, sich gegenüber Marken, Produkten und Unternehmen mitzuteilen und kann daher für Eventveranstalter einen erheblichen Mehrwert enthalten.

Durch das Feedback der Teilnehmer erhält der Veranstalter detaillierte Einblicke in die Wünsche, Bedürfnisse und Kritik seiner Zielgruppe. Durch die Reichweite des sozialen Netzwerkes, die Anonymität der Teilnehmer sowie die Dokumentierbarkeit ihrer Aussagen in den Tweets, Nachrichten und Kommentaren bieten hybride Eventstrategien den Veranstaltern Einblicke in eine Welt ihrer Zielgruppe, die ihnen ohne die virtuellen Anbindungen vermutlich verwehrt geblieben wären.

Hierfür bieten sich insbesondere Umfragen und Abstimmungen an, die sowohl über soziale Netzwerke als auch über den Dienst Twittpoll, ein Umfrageinstrument auf Twitter-Basis, schnell und einfach durchgeführt und in Echtzeit ausgewertet werden können.

Da man einzelne Teilnehmer und ihre Meinungen vor Ort nicht unmittelbar miteinander in Verbindung bringen kann, steigert die Anonymität der Netzwerke das Teilnehmer-Involvement gegenüber der Veranstaltung.

Als Gegenpol zur Anonymität lässt sich auch der Hang zu Selbstdarstellungeffektiv für die Verbreitung von eventbezogenen Inhalten über soziale Netzwerke nutzen.

Voraussetzung hierfür ist wiederum, dass die Aktivitäten, die auf Hybrid Events zum Mitmachen einladen, sowohl medial als auch sozial anschlussfähig gestaltet sind.

Dieser Effekt kann zum Beispiel durch den Einsatz von Event-Walls erzeugt werden. Diese digitalen Wände oder Bildschirme können von den Teilnehmern mit ihren Händen bedient werden und sind direkt an die sozialen Netzwerke angeschlossen. Mittels Touchscreen und integrierten Kameras können so direkt an der Wand Bilder erzeugt und Beiträge in Facebook, Twitter oder einem eigens erstellten Gästebuch verfasst werden.

Da die Event-Wall in der Regel direkt mit dem Profil des Veranstalters verbunden ist, entfällt für die Teilnehmer das Einloggen in die Plattform.

Dies gewährleistet einerseits Anonymität für die teilnehmenden Besucher, während gleichzeitig nachhaltige Inhalte für die Social Media Plattformen des Unternehmens generiert werden.

Sowohl die Event-Wall selbst als auch der Hintergrund, vor dem sich die Teilnehmer in Szene setzen können, sollte ansprechend gestaltet sein, um ein Gefühl von Einzigartigkeit und Wertschätzung zu erzeugen.

Hybrid Events können durch mediale, haptische und soziale Erlebnisse auch den trockensten Inhalt zu digitaler Anschlussfähigkeit und Gehör verhelfen.

Soziale Netzwerke sind sowohl Ausgangspunkt für den Erfolg hybrider Eventstrategien als auch Quell tief reichender Einblicke in die Eventzielgruppen. Durch ihren unvergänglichen Charakter bieten sie das ideale Umfeld, um die Aktivitäten der Teilnehmer vor, während und auch nach dem Event zu verfolgen und aus den virtuellen Fußstapfen der Eventteilnehmer zu lernen.

Standortbezogene Zusatzdienste
Standortbezogene Dienste (Location Based Services oder kurz LBS) können ebenfalls direkt in Event-Applikationen integriert werden und bieten weitere nützliche Mehrwerte, um das Eventerlebnis der Besucher zu bereichern.

Sobald das Gerät über Wireless LAN (WLAN) oder GPS den Standort des Teilnehmers in der Eventlocation ermittelt hat, können über das Display nützliche Informationen eingeblendet werden. LBS finden hierbei hauptsächlich Antworten auf die Frage nach dem „Wo?".

Wo bin ich? Wo befinden sich die Toiletten, das Restaurant oder der nächstgelegene (Not-)Ausgang? Wo habe ich mein Auto geparkt oder wo befindet sich der Arbeitskollege, den ich im Getümmel aus den Augen verloren habe?

Über LBS können sämtliche Aktivitäten, Aussteller und Produkte mit Standortinformationen versehen und somit für alle Teilnehmer nutzbar gemacht werden. Über mobile Applikationen für Road-Shows und Messen können die Teilnehmer zum Beispiel vorab mit wenigen Klicks eine Liste von Messeständen oder Programmpunkten erstellen, die sie während des Events besuchen möchten.

Mit Hilfe von LBS errechnet die Anwendung für den Besucher nun eine individuelle Route, die ihn auf kürzestem Weg zu allen Messeständen leitet und dabei auch noch seinen individuellen Zeitplan berücksichtigt. Gerade hier zeigt sich, welches enorme Potenzial in der Verbindung von mobilen Applikationen und standortbezogenen Diensten liegt.

Ein ganz besonderer Reiz verbirgt sich in der Verknüpfung von standortbezogenen Diensten mit Augmented Reality Anwendungen: Hat ein Teilnehmer auf einem Event beispielsweise ein bestimmtes Produkt oder eine besonders spannende Aktivität entdeckt, so kann er über die Applikation mit nur einem Klick eine entsprechende Standortinformation erstellen. Diese kann er mit einem Bild, Video oder einem persönlichen Kommentar versehen und sie sofort an potentiell interessierte Freunde, Bekannte oder Kollegen in der Nähe weiterleiten.

Andere wiederum können das Infopaket über die mobile Applikation öffnen, in ihre eigenen Listen integrieren, sich anmelden und mit der Augmented Reality Funktion direkt zum jeweiligen Standort führen lassen.

Die Verbindung von mobilen Applikationen, standortbezogenen Diensten und Augmented Reality Anwendungen schafft so eine völlig neue Form der nutzergetriebenen Kommunikation und Interaktion mit Events, Marken oder Produkten.

Neben Funktionen, die auf die effiziente Suche, Speicherung und Wiedergabe von Informationen ausgelegt sind, bieten standortbezogene Dienste auch großes Potenzial im Hinblick auf spielerische Event-Aktivitäten.

GeoCaching zum Beispiel, eine Art virtuelle Schnitzeljagd, ermöglicht Live-Kommunikation in allen Räumen des alltäglichen Lebens. Hierbei werden Inhalte und Botschaften an bestimmten Orten, zum Beispiel im urbanen Raum, versteckt und mit den jeweiligen Standortinformationen versehen. Um ein bestimmtes Ziel zu erreichen müssen die Teilnehmer anschließend mit ihren Smartphones die Verstecke ausfindig machen, die jeweiligen Informationen sammeln und diese kombinieren. Oftmals sind diese Aktivitäten in eine vorab festgelegte Handlung, eine Art Drehbuch, integriert, durch die die Teilnehmer Schritt für Schritt an das Eventobjekt herangeführt werden. Augmented Reality Elemente runden das Erlebnis für die Teilnehmer zusätzlich ab.

Indem sie den Ereignissen und Erlebnissen einzelner Teilnehmer zu sozialer Anschlussfähigkeit und zu Gemeinsamkeit verhelfen, bieten mobile Applikationen und Location Based Services einen hervorragenden Nährboden für Interaktion zwischen den Teilnehmern und dem Event (Nufer und Bühler 2015).

1.2   Einsatzmöglichkeiten von hybriden Event-Tools

Die aktuelle Eventpraxis zeigt, dass es kein dynamischeres Kommunikations-Medium gibt als Social Media. Das Hybrid Event unterstützt den Trend der Demokratisierung der Business-Kommunikation – weg vom Unternehmen hin zu den

Usern. Und es ermöglicht eine neue Dimension zur Erreichung der klassischen Eventziele – tiefer gehende Information, mehr Motivation und vor allem ein echtes Involvement der Teilnehmer (VOK DAMS 2011).

Social-Media-Aktivitäten können in allen Phasen eines Events eingesetzt werden:

VOR DEM EVENT
Einbindung in bestehende Plattformen

- Nutzung von Facebook, Twitter oder XING zur Einladung
- Multiplikation der Kommunikationsinhalte

Entwicklung individueller Plattformen

- Programmierung eigener Microsites oder Facebookseite
- Aufforderung zum Mitmachen
- Abfrage von Wünschen und Inhalten
- Spiele zur Steigerung der Kontaktintensität

Apps für Smartphones

- Cityguides des Veranstaltungsortes
- Veranstaltungsguide mit allen relevanten Informationen
- Spiele, um Event-Inhalte intensiv zu verankern

WÄHREND DES EVENTS
Event-walls

- *Event Interactive-wall:* Über eine Social Media Plattform wie etwa Twitter können Kommentare in Echtzeit eingegeben und visualisiert werden
  Einbindung der Gäste durch Abstimmungstools mit sofortiger Auswertung wie etwa Twittpoll
- *Event Game-wall:* Multiplayer Games, um Botschaften „spielerisch" zu verankern
- *Event Info-wall:* Photo-wall als digitales Gästebuch sowie interaktives Einspielen von News via
- Smartphone

QR-Codes

- Einsatz von sogenannten „Quick Response Codes", um über Internet auf zusätzliche Informationen zu verlinken – besonders geeignet für Ausstellungen und Produktpräsentationen

Augmented Reality

- Smartphone Anwendungen, die eine Kombination von realer Welt und virtuellen Informationen ermöglichen, die direkt in der realen Welt verortet werden

NACH DEM EVENT
Flashmob/Urban hacking

- Über Social Networks organisierte oder inszenierte Events, die als Teil einer Kampagne die Verbreitung von Botschaften oder Image fördern

Dokumentation

- Bilder oder Videomaterial des Events werden über Social Networks wie YouTube, Facebook etc. verbreitet und kommentiert

Diskussionsforen

- Nutzen von bestehenden oder individualisierten Plattformen zur Nachkommunikation und als Feedback-Kanal

Online-Games

- Nachhaltiges Follow-up zur Stärkung des Markenimages

1.3 Vorteile Hybrid Events

Return On Involvement
Die Integration von virtuellen Elementen führt zu wesentlich mehr Involvement auf Seiten der Teilnehmer (siehe Abb. 1.2).

Dieses Potenzial ist nicht nur auf das physische Event begrenzt, sondern zieht sich wie ein roter Faden durch den gesamten Verlauf der Eventkommunikation.

Abb. 1.2 Hybrid Events
und ROI – Die „Hy Five"

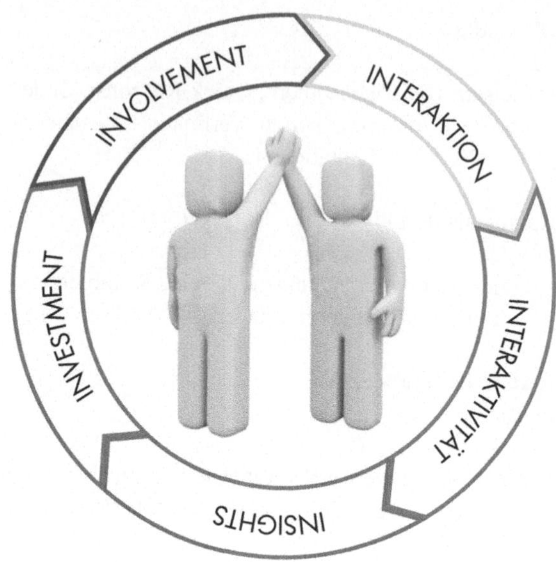

Hybride Eventbestandteile erhöhen die Chance, dass sich die Teilnehmer mit den Inhalten und Botschaften eines Events gründlicher auseinandersetzen.

Hybrid Events können durch die Ergänzung von virtuellen Bestandteilen effektiver werden und die Teilnehmer mehr in ihren Bann ziehen, als dies klassische Events vermögen.

Je mehr Involvement die Besucher gegenüber den Eventobjekten entwickeln, desto höher ist auch die Wahrscheinlichkeit, dass sie über einen virtuellen Kanal mit dem Veranstalter in Interaktion treten (VOK DAMS 2012).

Return On Interaction

Da gesteigertes Involvement die Entstehung einer persönlichen Austauschbeziehung zwischen Eventbesuchern und Eventobjekten begünstigt, führen hybride Eventstrategien zu spürbar mehr Interaktion zwischen Teilnehmern und Eventobjekten.

Jede einzelne Interaktion, jeder Kommentar, jeder Download und jeder Klick auf ein Video ist gleichbedeutend mit einem weiteren neuen Fragment, das sich in das vorhandene Konstrukt der Marken-Teilnehmerbeziehung eingliedert und so das Event-Erlebnis bereichert.

Durch die Produktion und Streuung solcher neuartigen Erlebnis-Fragmente können Hybrid Events wirksam zur Mehrung eines kollektiven Bewusstseins über Marken, Produkte und Unternehmen beitragen.

Hybrid Events vermögen so, durch längere und intensivere Interaktionen die Beziehung zwischen Unternehmen und Besuchern nachhaltig zu stärken (Holzbaur 2015).

Return On Interactivity

Interaktivität ist die Gesamtheit aller einzelnen Interaktionen, die zwischen Eventbesuchern und Eventobjekten in den Kommunikationskanälen stattfindet. Je mehr solcher individuellen Austauschbeziehungen entstehen, desto interaktiver ist letztlich das gesamte Event. Da die hybride Eventkommunikation in der Regel bereits lange vor dem physischen Event beginnt und der Austauschprozess noch weit über das Ende der Veranstaltung hinaus verlängert wird, ermöglichen Hybrid Events durch den Einsatz virtueller Elemente, Schnittstellen und Rückkanäle ein Höchstmaß an Interaktivität. Die Anbindung von sozialen Netzwerken, Nachrichtendiensten und mobilen Applikationen steigert allerdings nicht nur die Interaktivität, sie ermöglicht darüber hinaus, diese abzubilden und nutzbar zu machen.

Return On Insight

Anders als auf klassischen Events hinterlässt hybride Eventkommunikation im digitalen Raum unzählige Spuren, die durch den Einsatz von moderner Tracking-Software zurückverfolgt, abgebildet und operationalisiert werden kann.

Auf der quantitativen Seite kann durch die Messung von Zugriffs-, Klick-, Zuschauer- und Downloadraten ein einfacher Überblick über die Effektivität der Kommunikationsbestandteile geschaffen werden. Hierdurch können Inhalte später bestmöglich ausgewertet und an die jeweilige Situation angepasst werden. Auf der qualitativen Seite bieten Social Media Monitoring Methoden eine Möglichkeit, Tonalitäten und Meinungen der Zielgruppe übersichtlich abzubilden, um so einen tieferen Einblick in die Welt und die Bedürfnisse der Interessentengruppen zu erhalten. Durch Hybrid Events lässt sich tiefgehendes Konsumentenwissen zusammentragen, welches unter nicht-hybriden Eventbedingungen im Verborgenen und damit nicht nutzbar geblieben wäre. Letztendlich trägt dies gleichermaßen zur Steigerung von Effizienz und Effektivität bei.

Return On Investment

Die Integration von virtuellen Kommunikationsbestandteilen erfordert auf Seite der Unternehmen zwar zunächst ein Umdenken, auf mittel und langfristige Sicht schont der Einsatz von Hybrid Events die finanziellen Ressourcen aber eher, als dass Mehrkosten entstünden.

Hybride Eventkommunikation wird zusätzliche Intensität und Reichweite erzielen.

Hinzu kommt, dass die allgemeine Wahrnehmung von Event und Eventobjekt nachhaltig verbessert und die Teilnahmeabsicht an Folgeevents erhöht wird.

Durch ihre zeitliche Unabhängigkeit vom physischen Event können Hybrid Events eigenständige soziale Strukturen schaffen, die vom Spannungsfeld zwischen Realität und Virtualität zusammengehalten werden und im Idealfall niemals enden. Einmal etabliert können hybride Eventstrategien von Veranstaltung zu Veranstaltung weitergedacht und ausgebaut werden, wodurch der Ressourcenaufwand für Live-Marketing Maßnahmen sinkt.

Ebenso werden durch soziale Netzwerke, mobile Applikationen und Augmented Reality Anwendungen weitaus größerer Lern- und Wissenseffekt erzielt, als dies rein physische Events ohne virtuelle Bestandteile vermögen.

Dank zusätzlicher Aktivierung, höherem Involvement, mehr Interaktion, Interaktivität und Insight stellen Hybrid Events ein höchst wirkungsvolles Kommunikationsinstrument dar, dessen Potenziale, Möglichkeiten und Einblicke in ihrer Gesamtheit nur schwer zu überbieten sind.

2

2.1 Digital Natives

Alle Jugendlichen und jungen Erwachsenen, die nach 1980 geboren wurden, werden heute als **Digital Natives**, digitale Ureinwohner, oder auch als Generation Y bezeichnet. Sie sind größtenteils mit Computern und dem Internet aufgewachsen und erachten das Leben in einer digital vernetzen, interaktiven Gesellschaft als selbstverständlich. Was aber zeichnet die Digital Natives als zukünftige Event-Zielgruppen aus (VOK DAMS 2014)?

Bei den digitalen Ureinwohnern lässt sich schon seit langem eine zunehmende Abwendung von traditionellen Kommunikationskanälen feststellen. Anstatt sich über Printmedien, Fernsehen oder das Radio zu informieren, verschaffen sie sich ihr Wissen über das Internet und mobile Endgeräte wie Smartphones oder Tablet-PCs.

Generell findet das Kommunikations- und Informationsverhalten der Generation Y größtenteils im digitalen Raum statt, weshalb sie über traditionelle Kommunikationskanäle schwerer bis kaum zu erreichen ist.

Im Gegenzug aber weist sie durch zunehmende Mobilität, ihre Lust an Individualisierung sowie ihrem Hunger nach besonderen Ereignissen und Außergewöhnlichem eine höhere Affinität gegenüber Events und erlebnisorientierten Veranstaltungen auf.

Durch das Leben in ständigem Überangebot an Werbung und Informationen wird den Digital Natives auch eine verkürzte Aufmerksamkeitsspanne unterstellt; ein Umstand, der sie zu Prototypen moderner Jäger und Sammler macht. Wahrgenommen und (geistig) verarbeitet wird das, was umgehend anspricht und gefällt. Wissen muss nicht mehr gelernt und langfristig gespeichert werden, sondern hauptsächlich schnell abrufbar sein. Der Fokus ihrer Wahrnehmung liegt dabei stärker auf visuellen als auf textbasierten Inhalten.

© Springer Fachmedien Wiesbaden 2016
C. M. Dams, S. Luppold, *Hybride Events*, essentials,
DOI 10.1007/978-3-658-12601-8_2

Ebenso zählt Teamwork im Sinne von Interaktion und Netzwerken zu den tragenden Säulen des Lernprozesses der digitalen Ureinwohner. Alle Faktoren, auf denen Erfolg und Wirkung eines Events beruhen, müssen in Zukunft immer stärker auf diese neue Generation ausgerichtet und zugeschnitten werden.

Der Anteil der Generation Y an den Event-Zielgruppen steigt beständig. Schon im Jahr 2020 werden die 1990er- und 2000er-Jahrgänge zu vollwertigen Konsumenten herangewachsen sein und zu einem großen Teil im Berufsleben stehen. Die Kinder und Jugendlichen von heute sind die Zielgruppen und Eventbesucher von morgen. Damit Unternehmen diesen Übergang fließend bewältigen können ist schon heute unabdingbar, die Konzepte und Strategien von Events Schritt für Schritt an die Bedürfnisse der Digital Natives anzupassen. Dieser Generationswechsel ist zwar schon heute absehbar, hat sich aber erst zu einem kleinen Teil vollzogen.

Insbesondere in den kommenden Jahren stehen Eventproduzenten daher vor der Herausforderung, ihre Konzepte und Strategien an zwei höchst verschiedene Zielgruppen anpassen zu müssen. Sie müssen ausreichend digital für die Digital Natives und gleichzeitig ausreichend analog für die Elterngeneration der Digital Immigrants gestaltet sein.

2.2 Digital Immigrants

Im Gegensatz zu den digitalen Ureinwohnern zählen alle Personen, die nicht bereits mit Computern, Mobiltelefonen, dem Internet und E-Mails aufgewachsen sind, zu den sogenannten **Digital Immigrants**, den digitalen Einwanderern, die sich erst schrittweise mit den technologischen Neuerungen vertraut machen mussten. Diese Anspruchsgruppe offenbart eine zentrale Herausforderung für hybride Eventstrategien der Zukunft: Die digitalen Immigranten stehen technologischen Neuerungen häufig voreingenommener gegenüber als die digitalen Ureinwohner. So erhalten Themen wie zum Beispiel der Schutz von persönlichen Daten und der eigenen Privatsphäre mit zunehmendem Alter einen weitaus höheren Stellenwert als im Falle der Digital Natives.

Auch die Bereitschaft, sich mit der Nutzung von mobilen Applikationen oder Social Media auseinanderzusetzen, muss bei älteren Zielgruppen erst gezielt angeregt werden. Ein erster Zugang entsteht hier meist im familiären Umfeld durch die Kinder und Jugendlichen selbst, die ihre Eltern-Generation an die neuen Technologien und Möglichkeiten heranführen. Dabei zeigt sich, dass die anfängliche Skepsis schnell einem wissbegierigen Spieltrieb weichen kann, sobald sich die (sozialen und funktionalen) Vorteile der neuen Technologien offenbaren.

Was aber bedeutet dies nun für die Inszenierung von Events (Nußbaum 2015) und wie können sich hybride Inszenierungen diese Lern-Mechanismen zunutze machen?

Durch den steigenden Anteil von Digital Natives an den Event-Zielgruppen wird die Integration von Mobile Applikationen, Social Media und standortbezogenen Diensten in die Eventstrategien der Zukunft noch wichtiger werden (Zanger 2013). Doch im Gegensatz zu den neuen Ureinwohnern, für die das Leben in Realität und Virtualität selbstverständlich ist, muss für ältere Zielgruppen zuerst ein adäquater Zugang zu den neuen Medien und Technologien geschaffen werden. Dieser Zugang entsteht aber nicht automatisch durch das bloße Vorhandensein von QR Codes, Anbindungen an eine Cloud oder die Möglichkeit zur Interaktion auf Social Media Plattformen. Er entsteht viel mehr durch eine nützliche und spielerische Einbindung dieser neuen Technologien in den gesamten Kommunikationsprozess. Hybrid Events im Sinne von Live-Marketing plus MoSoLo (Mobile Applikationen, Social Media, Location Based Services) sind kein kurzfristiger Trend, sondern werden die Live-Kommunikation auch in Zukunft maßgeblich prägen. Schon heute verleihen Veranstalter der Interaktion mit ihren Teilnehmern zusätzlichen Antrieb und Schub, indem sie ihre Events durch hybride Maßnahmen bereichern. Erfahrungen aus der Praxis zeigen, wie wichtig und sinnvoll es ist, die Teilnehmer frühzeitig an die neuen Funktionen und Möglichkeiten heranzuführen, um so auch die Akzeptanz bei älteren Zielgruppen gezielt zu steigern und deren Interesse zu wecken. Dies muss keinesfalls durch langweilige Handbücher, Vorträge oder Anleitungen geschehen, sondern kann – ganz im Sinne der modernen Live-Kommunikation – live, direkt, bedürfnisorientiert und spielerisch stattfinden.

Um beiden Zielgruppen einen gemeinsamen Einstieg in die nächste Generation der Event-Kommunikation zu ermöglichen, werden sich hybride Inszenierungen künftig noch stärker an gemeinsamen Grundbedürfnissen der Digital Natives und Digital Immigrants orientieren müssen.

Ehrliche Wertschätzung, Aufmerksamkeit und persönliche Erfolgserlebnisse auf der einen und interessante Inhalte, Interaktion mit Gleichgesinnten, Nützlichkeit und Spaß auf der anderen Seite werden sich auch in Zukunft als Grundpfeiler der Event-Kommunikation behaupten.

Wie aber wird die nächste Generation von hybriden Werkzeugen aussehen und wie wird sich ihr Einsatz auf Hybrid Events gestalten?

2.3 Neue Eventkonzepte

Mögen die Spiele beginnen! Gamification und Alternate Reality Games.

Eine Möglichkeit zur erfolgreichen Ansprache beider Zielgruppen liegt in der Verbindung von Event-Kommunikation und Spielmechanismen. Damit sind aber nicht Spiele im Allgemeinen gemeint, sondern vielmehr die Techniken und Taktiken, auf denen auch der Erfolg von bekannten Gesellschafts- und modernen Computerspielen basiert.

Für die Live-Kommunikation sind hauptsächlich zwei Spiel-Konzepte von besonderem Interesse: Das eher generalisierte Konzept der Gamification, der Spielifizierung des Kommunikationsprozesses, und die Alternate Reality Games, eine Art inszenierte Schnitzeljagd, bei der die Teilnehmer zu aktiven Figuren einer Geschichte werden und die Grenzen zwischen virtueller und realer Welt verschwimmen.

Ein wichtiger Mehrwert im Einsatz von Gamification-Strategien und Alternate Reality Games liegt dabei in der Möglichkeit, die Teilnehmer über einen längeren Zeitraum freiwillig und mit hohem Involvement an den Kommunikationsprozess zu fesseln. Durch die Inszenierung von verschiedenen Spielebenen (Levels), individuellen Auszeichnungen, Wettbewerben und Belohnungsmechanismen werden die Teilnehmer ständig zum Weiterspielen motiviert und somit langfristig an die Live-Kommunikation gebunden. Unternehmen und Marken können durch diese Spielstrategien wesentlich mehr Aufmerksamkeit in ihren Zielgruppen erzielen und erhalten mehr Zeit, um den Teilnehmern spielerisch marken- und produktbezogene Inhalte zu vermitteln.

Dennoch ist der gesamte Spielprozess ungezwungen und freiwillig. Für Teilnehmer, die nicht am Spiel teilnehmen möchten, bleibt das Event-Erlebnis vollkommen unbeeinträchtigt. Hoch involvierte Teilnehmer, die bereit sind, sich intensiver an der Kommunikation zu beteiligen, können durch das Spiel attraktive Zusatzleistungen erhalten.

Wie aber könnten solche Spielprozesse in der Event-Realität aussehen?

Auf das Spiel kann – entweder offensichtlich oder durch einen verdeckten Hinweis – bereits in der frühen Vorfeldkommunikation aufmerksam gemacht werden, zum Beispiel in einer Save The Date-Benachrichtigung oder in einer offiziellen Einladung. Im ersten Schritt gilt es, breite Aufmerksamkeit für das Spiel zu erzeugen und einen adäquaten Anreiz zum Mitspielen zu setzen. Alternate Reality Games greifen hierfür auch gerne auf traditionelle Medien zurück wie etwa Zeitungen. Online-Inhalte (zum Beispiel eine inszenierte Videobotschaft oder Urban-Hacking-Aktionen) sind allerdings ebenso für die Verbreitung und Initiierung eines solchen Live-Spiels geeignet.

Im Sinne der Live-Kommunikation finden bestimmte Bestandteile (Levels) des Spiels immer auch im realen Raum statt. So können zum Beispiel Hinweise versteckt und nur mit Hilfe von GeoCaching ausfindig gemacht werden. Besonders involvierte Teilnehmer werden sich tatsächlich auf die Suche nach den Anhaltspunkten begeben und sollten hierfür letztlich auch eine Belohnung (zum Beispiel mit der Teilnahme an einer Verlosung oder Sonderaktion) beziehungsweise eine Auszeichnung erhalten. Durch die anschließende Veröffentlichung der Hinweise auf der Online-Plattform wird dennoch niemand vom Spielgeschehen ausgeschlossen.

Über wie viele Levels, mit welchen technologischen Hilfsmitteln und über welchen Zeitraum sich das Spiel erstreckt, kann für jede Anforderung individuell angepasst und im Voraus detailliert geplant werden.

Letztlich aber sollten alle Elemente der spielifizierten Event-Kommunikation auf die eigentliche Teilnahme an dem Event hinwirken, für welches das Spiel konzipiert wurde. Denkbar wäre hier unter anderem eine offizielle Siegerehrung, das Freispielen von hochwertigen Give-Aways oder speziellen VIP-Paketen.

Das Gamification-Konzept zeichnet sich insbesondere dadurch aus, dass der negative Eindruck des Verlierens gezielt vermieden wird. Teilnehmer können beim kommunikativen Spiel nichts verlieren, aber durch ihr Mitwirken immer mehr hinzugewinnen. Dies ist als zusätzlicher Anreiz anzusehen.

Gamification kann aber auch in kleinerem Rahmen direkt auf dem Event eingesetzt werden. Über eine Event-App können beispielsweise einzelne Eventbestandteile (die Teilnahme an einer Produktpräsentation bzw. Probefahrt, das Scannen von QR Codes bis hin zur Teilnahme an Gewinnspielen oder Aktionen) mit Punkten oder sogenannten Badges (Abzeichen) verknüpft werden. Besucher, die durch besonders intensive Teilnahme am Eventgeschehen viele Punkte gesammelt haben, können einfach identifiziert und auch in der Nachfeldkommunikation (und weit darüber hinaus) mit besonderen Vorteilen belohnt und gebunden werden.

Egal, ob Gamification in der Vorfeldkommunikation zur Erzielung von Aufmerksamkeit und Awareness, auf dem Event selbst für ein intensiveres Erlebnis, oder als langfristige Kundenbindungsmaßnahme eingesetzt wird:

Durch spannende Spielebenen, immer neue Anreize und fortwährende Belohnungen können die modernen Event-Spielstrategien Jung und Alt in ihren Bann ziehen und im Kampf um Aufmerksamkeit, Involvement und Markenbindung zukünftig einen wichtigen Beitrag leisten.

Kollaboration 3.0: Mit Smart Networks zu mehr Teilnehmern – Interaktion und Teamwork

In der Energiewirtschaft sind die sogenannten Smart Grids, im Sinne von intelligenten (Strom-)Netzen, schon seit geraumer Zeit ein gewichtiges Trend-Thema. Das innovative Konzept befasst sich mit der Frage, wie intelligente Verbindungen zwischen Versorgern, Verbrauchern und Endgeräten ein bestehendes System verbessern und darüber hinaus effizienter gestalten können. Ebenso ist der Ansatz in abgewandelter Form, als Smart Network, auch von Empfehlungssystemen auf Shoppingplattformen wie Amazon oder dem mittlerweile zweitgrößten sozialen Netzwerk der Welt – Stumble Upon – bekannt: Hier werden dem Nutzer automatisch bestimmte Produkte oder Webseiten vorgeschlagen, für die sich Freunde oder Bekannte vor kurzem interessiert haben. Obwohl bei diesem Konzept eigentlich der Nutzen für Anbieter und Seitenbetreiber im Vordergrund steht, so geht es dennoch seit Jahren erfolgreich auf. Dieser Umstand verdeutlicht, dass sich die Menschen heute mehr denn je für Interessen, Wissen und Meinungen anderer interessieren.

Soziale Plattformen machen Freunde und Bekannte zu Informations-Vermittlern und das Interesse an den digitalen Fundstücken anderer zu einem neuen Grundbedürfnis der Gegenwart; denn eine ganze Gruppe von Personen mit ähnlichen Interessen wird gemeinsam ungleich mehr spannende Inhalte zusammentragen, als es eine einzelne Person jemals vermögen würde. Einen Beweis dafür, dass den Nutzern durch die Vorschläge und Beiträge anderer ein persönlicher Mehrwert entsteht, liefert der anhaltende Erfolg von Facebook & Co.

Aus diesem Grund wird die Idee der Smart Networks in Zukunft auch bei der Gestaltung von Hybrid Events stark an Bedeutung hinzugewinnen.

Wie aber kann speziell die Event-Kommunikation in Zukunft von diesen intelligenten Netzwerken profitieren?

Smart Networks in der Event-Kommunikation dienen, wie vorangehend beschrieben, in erster Linie der Aufbereitung und Strukturierung interessanter Inhalte, um den Besuchern die Suche nach Informationen zu erleichtern.

Egal ob vor, während oder nach einem Messeauftritt, einem Kongress, einer Roadshow, Fachtagung oder einem Produkt-Launch: Was interessiert und nicht ohnehin bereits bekannt oder aus Unterlagen ersichtlich ist, wird in der Regel schnell und unkompliziert über das Smartphone herausgefunden.

- Welche vergleichbaren Produkte oder Angebote bietet die Konkurrenz?
- Wie viele Liter Benzin verbraucht das Auto X auf 100 km?
- Gibt es einen Blog mit Test- und Erfahrungsberichten?
- Welche Videos bietet YouTube zu diesem Thema?
- Wo kann ich ein Fan auf Facebook werden?

All diese Fragen können sowohl für andere Besucher als auch für den Veranstalter selbst von Interesse sein und die Interaktion auf dem Event – ganz im Sinne der hybriden Erweiterung des Events – beflügeln.

Einerseits werden durch das Smart Network andere Teilnehmer auf interessante Beiträge aufmerksam gemacht und sparen somit Zeit und Aufwand bei der

Informationssuche; andererseits kann der Veranstalter aber auch selbst auf die Suchanfragen und Beiträge des Smart Networks zugreifen und wertvolle Rückschlüsse über die Interessenslage seiner Zielgruppen ziehen.

Mit Hilfe einer speziell entwickelten Software werden die verschiedenen Suchanfragen, Inhalte und Beiträge nach Themen sortiert, strukturiert und optisch ansprechend dargestellt, so dass ein Teilnehmer das intelligente Netzwerk problemlos mit seinem Smartphone oder Tablet-PC durchstöbern kann. Eingebettet in eine Event-Applikation oder eine Homepage mit Responsive Design kann jeder Teilnehmer schnell auf das Smart Network zugreifen, sich informieren und nach Belieben mit wenigen Klicks eigene Seiten, Kommentare oder Tipps hinzufügen. Hierdurch entsteht ein eigenes soziales Netzwerk für alle Inhalte und Informationen, die mit einem Event, einer Marke oder einem Produkt inhaltlich in Verbindung stehen. Jeder Besucher kann dabei sowohl von fremden Beiträgen profitieren als auch selbst in Aktion treten und andere Besucher an seiner Expertise teilhaben lassen. Eine Software könnte darüber hinaus überwachen, welche Inhalte von den Teilnehmern besonders häufig aufgerufen wurden oder aber welche Besucher besonders konstruktiv zum Aufbau des Wissens-Netzwerkes beigetragen haben (Luppold 2013).

Für den Veranstalter liegen Mehrwert und Nutzen in den Möglichkeiten einer detaillierten Auswertung. Mit Hilfe von Social Media Monitoring können die Meinungen und Einstellungen der Nutzer von sozialen Netzwerken zwar schon heute anschaulich dargestellt werden, sie geben aber kaum Aufschluss darüber, welche Informationsquellen die Zielgruppe außerhalb der Plattform nutzt, welche Konkurrenzangebote besonders attraktiv sind oder welche Informationen tatsächlich als spannend und relevant angesehen werden. Der Einsatz von Smart Networks wird für die Besucher daher in Zukunft zusätzliche informative Mehrwerte liefern und es den Veranstaltern ermöglichen, ihre Teilnehmer in freier (digitaler) Wildbahn zu beobachten.

2.4   Zukünftige Eventtechnologien

Nummer 5 lebt! – Robotik und Virtual Assistants
Gemeinsam mit Social Media Netzwerken und interaktiven Teilnehmer-Websites bilden die Smart Networks den Grundstein einer noch sehr jungen Generation von digitalen Tools für Hybrid Events den virtuellen Assistenzsystemen.

Schon heute werden große Teile des Teilnehmermanagements über virtuelle Portale abgewickelt. Vom Einladungsversand über die Anmeldung bis hin zur individuellen An- und Abreise kann das digitale Teilnehmermanagement einen großen Beitrag zur Organisation und Abwicklung von Veranstaltungen leisten.

Neben grundlegenden organisatorischen Funktionen zeichnet sich beim zukünftigen Einsatz von virtuellen Assistenzsystemen vor allem eine Fokussierung auf die Bedürfnisse der Eventbesucher ab. Was aber bedeutet dies nun für die Live-Kommunikation von Morgen?

Generell werden Assistenzsysteme den Teilnehmern künftig zahlreiche attraktive Mehrwerte bieten. Auf der einen Seite erleichtern sie die Organisation des Eventbesuchs an sich (Reisevorbereitung, Termin- und Zeitplanung, Erstellung von To-Do-Listen etc.), andererseits kann das System auch für den sozialen oder fachlichen Austausch mit anderen Besuchern verwendet werden. Denkbar wäre hier zum Beispiel das Zusammenbringen von Besuchern mit ähnlichen Interessen oder die Bildung von Fahrgemeinschaften zum Event. Alle Interessenten zu einem bestimmten Thema könnten sich im Vorfeld über das virtuelle Assistenzsystem austauschen, ein gemeinsames Treffen vereinbaren oder sogar an der Erstellung einer passenden Sitzordnung mitwirken. Durch diese freiwillige Selbstorganisation schaffen sie nicht nur zusätzlichen Nutzen für sich selbst, sondern darüber hinaus auch für den Veranstalter.

Anstatt Meinungen und Präferenzen über ein Event nur im Zuge einer nachträglichen Event-Evaluation (Wirkungsmessung) zu erheben (Nufer 2012), verschaffen Assistenzsysteme den Veranstaltern künftig schon vor Beginn des Events einen grundlegenden Überblick über Fragen, Wünsche und Bedürfnisse der Teilnehmer. Eingebettet in eine Event-App oder Website können Besucher schon lange vor ihrem Eventbesuch angeben, für welche Themengebiete sie sich interessieren, an welchen Vorträgen, Aktionen und Aktivitäten sie teilnehmen möchten oder ob sie ein persönliches Beratungsgespräch zu einem bestimmten Thema wünschen. Mit Hilfe von Multiple-Choice-Fragen können sich die Besucher beispielsweise mit wenigen Klicks ein eigenes Interessensprofil erstellen und ihren Eventbesuch im Voraus entsprechend personalisieren. Die erhobenen Daten werden anschließend automatisch an den Veranstalter übermittelt und können so direkt in die operative Eventplanung mit einbezogen werden.

Ähnlich wie Social Media Netzwerke und die Smart Networks bilden virtuelle Assistenzsysteme die Erlebnis- und Informationsbedürfnisse der Besucher detailliert ab, zeigen relevante Haupt- und Nischenthemen auf und sensibilisieren den Veranstalter auf den Umgang mit seiner Zielgruppe vor Ort.

Um seine Teilnehmer im Voraus nach ihren Wünschen und Präferenzen zu befragen, verwendet ein Automobilhersteller für seinen nächsten Messeauftritt ein virtuelles Assistenzsystem.

Da unter allen Umfrageteilnehmern ein Erlebnistag verlost wird, ist die Rücklaufquote hoch. Die Umfrage liefert dem Veranstalter folgende Erkenntnisse:

Obwohl der Auftritt eines prominenten Star-Gasts als wichtigster Bestandteil eines Side-Events erachtet wurde, äußern nur 5 % der Besucher Interesse an einem

Meet and Greet. Als Hauptattraktion scheint der Auftritt des Stars also weniger tauglich. Mit 39 % hingegen ist das Informationsinteresse an passendem Zubehör wesentlich größer als im Voraus angenommen.

Auf dem Messestand wird daher ein eigener Zubehör-Bereich eingerichtet, zusätzliches Informationsmaterial zum Download (z. B. per QR Code) bereitgestellt und die Verlosung eines Zubehörpakets über Social Media- Kanäle (Facebook, Twitter) initiiert.

In fernerer Zukunft spielen die virtuellen Assistenz-Systeme auch im Hinblick auf einen weiteren Technologiebereich eine tragende Rolle: den Einsatz von Robotern auf Events.

Seit vielen Jahrzehnten beschäftigen sich Menschen mit den Technologien der Zukunft. Neben fliegenden Autos oder der Eroberung des Weltalls hatte auch die Robotik in diesen Visionen schon immer ihren festen Platz.

Heutzutage werden Roboter in verschiedenen Bereichen der Industrie und Medizin eingesetzt, sie mähen den Rasen, tanzen, saugen Staub, erkunden fremde Planeten oder treten beim RoboCup, der Fußball-Weltmeisterschaft für Roboter, gegeneinander an. Dank Sensoren, moderner Spracherkennungs-Software (Stichwort: Apples Assistenz-Programm SIRI) und immer komplexeren Gesten werden Roboter künftig zunehmend menschlicher (in Fachkreisen: humanoider) und eigenständiger agieren können. Bald schon werden sie auch zu sozialer Interaktion mit Menschen in der Lage sein. Daher stellt sich die Frage, welcher Stellenwert ihnen in der Event-Kommunikation der Zukunft zukommen könnte?

Bereits heute werden Robotersysteme vereinzelt auf Events eingesetzt. Sie finden hauptsächlich als innovative Showelemente oder besondere Blickfänge auf Messen Anwendung. Funktionen mit tatsächlichem Interaktions-Potenzial stecken bei den heutigen Messe-Robotern allerdings noch in den Kinderschuhen. Die Roboter können sich zwar (unfall-)frei in einem Raum bewegen, Gesichter erkennen und sogar sprechen, eigene Handlungs-Entscheidungen treffen sie aber nicht.

Alle Interaktions- und Bewegungsmuster, welche die Messebesucher als selbstständige Leistungen des Roboters wahrnehmen, müssen im Vorhinein von Spezialisten sorgfältig einprogrammiert und inszeniert werden. Erstaunlicherweise beeinträchtigt diese Tatsache das Faszinations-Potenzial von humanoiden Robotern kaum. Es scheint sogar, als ob computergesteuerten Maschinen, die Laufen, Tanzen, Winken, Sprechen und Getränke servieren können, auf Menschen fast schon zwangsläufig eine gewisse Faszination ausüben. In den kommenden fünf bis zehn Jahren wird sich die Robotik rasant weiterentwickeln, weshalb auch davon auszugehen ist, dass der Einsatz von Robotern auf Messen und Events in Zukunft salonfähig werden wird.

Roboter werden dann tatsächlich in der Lage sein, mit Eventobjekten zu interagieren, selbst Entscheidungen zu treffen und eigenständig mit den Besuchern zu interagieren. Bald könnten sie ihnen zum Beispiel als persönlicher Guide zur Seite gestellt oder bei Bedarf vor Ort angemietet werden.

Über das Smartphone könnten (beispielsweise über ein virtuelles Assistenzsystem) im Voraus wichtige Daten wie Name, Interessen und Informations-Bedürfnisse des Besuchers abgefragt und anschließend einfach an den Roboter angedockt bzw. übertragen werden. Hierdurch wird er zum persönlichen Assistenten des Besuchers, der auf Befehl Produkte und Informationsmaterial finden, Wege weisen oder auch Getränke organisieren kann.

Roboter sollen auf Events aber keinesfalls die zwischenmenschliche Kommunikation ersetzen, sondern hauptsächlich administrative Aufgaben erledigen. Der persönliche, zwischenmenschliche Dialog ist und bleibt in der Live-Kommunikation das Maß aller Dinge.

Durch ihren Einsatz auf Events sollen Roboter Besuchern und Kundenbetreuern in Zukunft aber mehr Zeit für das Wesentliche verschaffen und dabei das individuelle Event-Erlebnis auf spielerische und faszinierende Art und Weise bereichern. Zwar werden diese Entwicklungen noch eine gewisse Zeitspanne in Anspruch nehmen, es lohnt sich aber schon heute, das innovative Thema Events und Robotik im Auge zu behalten.

Markenerlebnis PLUS: Eventmarketing und die dritte Dimension
Ende 2009 läutete der Kinohit Avatar das Zeitalter des dreidimensionalen Kinos, abseits von veralteten Anaglyphenbrillen und den spezialisierten IMAX Filmtheatern, ein. Als erster 3D-Kinofilm spielte er während seiner Laufzeit fast drei Milliarden Dollar ein und gilt bis heute als (kommerziell) erfolgreichste Filmproduktion aller Zeiten. Nur drei Monate später, im März 2010, brachte SAMSUNG das erste 3D-TV-Gerät auf den Markt und revolutionierte damit das Heimkino-Erlebnis.

Heute, mehr als zwei Jahre später, ist 3D aus Kino und Fernsehen kaum noch wegzudenken und die 3D Technologie selbst steht kurz davor, sich von der Notwendigkeit einer Spezialbrille zu verabschieden.

In Zukunft wird sich auch das Event-Design noch stärker von modernen 3D Technologien inspirieren lassen. Dabei kann die dritte Dimension sogar gleich in vielerlei Hinsichten bei Marketing-Events Anwendung finden.

Von der Augmented Realität zur virtuellen 3D-Produktpräsentation
Ein spannender Einsatzbereich von 3D-Technologien liegt in der Gestaltung künstlicher Themenwelten, in die die Teilnehmer mit allen Sinnen eintauchen und so auch komplexe Produkte hautnah live erleben können.

Mit Hilfe von modernen 3D-Projektionstechniken wird es in naher Zukunft möglich sein, den Besuchern durch Visualisierung, Haptik und Akustik einen virtuellen

Raum als vermeintlich reale Umgebung zu präsentieren. Im Gegensatz zu einer Computeranimation, die einen fest definierten Ablauf beinhaltet und einem Film gleicht, kann in der 3D Virtual Reality eine Echtzeit-Interaktion mit Produkten und der Umgebung stattfinden. Dies bedeutet, dass der Besucher sich frei im virtuellen Raum bewegen und diese Welt nach Belieben mit seinen Bewegungen manipulieren kann. Beispielsweise können Schaltflächen (z. B. die Ruftaste eines Fahrstuhls oder Knöpfe an einem Produkt) interaktiv verfügbar gemacht werden und somit auch tatsächliche Funktionen auslösen (z. B. das Öffnen der Fahrstuhl-Tür durch die Betätigung der Ruftaste). Durch eine dreidimensionale Visualisierungstechnik wird ein regelrechtes Eintauchen in die virtuelle Umgebung ermöglicht. Um diesen Effekt auf Events zu erreichen, muss die virtuelle Umgebung so realistisch wie möglich gestaltet werden. Der Mensch steht hierbei im Vordergrund, während ein Computer die künstliche Welt um ihn herum erzeugt, damit der Betrachter sie mit all seinen Sinnen erfassen und verändern kann.

Mit Hilfe von spezieller Tracking-Software wird ständig die Position des Betrachters ermittelt und die Sicht auf Raum oder Objekt vom Computer entsprechend angepasst, wodurch sich der Betrachter auch virtuell um das Objekt herum bewegen kann. Somit besteht eine direkte Interaktion mit dem Objekt und der Betrachter kann allein durch seine Körperhaltung im virtuellen Raum navigieren. Üblicherweise werden die Referenzpunkte für das Trackingsystem nahe der Augen gewählt, da der Computer das Bild hierdurch schneller und leichter berechnen kann.

Für das Eventmarketing der Zukunft ergeben sich hieraus unzählige spannende Einsatzmöglichkeiten, die ein Höchstmaß an Erlebnis und Interaktion ermöglichen.

Mit innovativen Projektionstechniken zum 3D Live-Marketing
Ein weiteres spannendes visuelles Erlebnis bietet der Einsatz spezieller Projektionstechniken zur Erzeugung eines 3D-Effekts auf realen Objekten oder Gebäuden. Diese, auch als 4D-Mapping bekannte Technik, nutzt vorhandene Objekte, Strukturen oder Gebäude als Projektionsfläche für 3D-Animationen. Entscheidend ist, dass der 3D-Effekt nicht durch Brillen oder andere technische Hilfsmittel, sondern allein durch eine optische Täuschung erzeugt wird. Als Projektionsfläche eignen sich alle erdenklichen Objekte und Produkte; so lassen sich neben Gebäuden, Autos und konventionellen Leinwänden auch mit Schaufensterpuppen oder Köpfen aus Polystyrol (Styropor) einzigartige Effekte kreieren.

Obwohl das visuelle 3D-Erlebnis im Vordergrund steht, können die Projektionen natürlich auch mit Musik untermalt werden oder Markenbotschaften enthalten, die passend in die Animation integriert werden. Auch hier sind der Kreativität (fast) keine Grenzen gesetzt.

Die wohl interessanteste Technologieentwicklung in den letzten Jahren heißt Oculus Rift. Dass Oculus Rift ein hohes Interesse genießt, sieht man daran, dass Facebook die sie für 2,3 Mrd. $ übernahm.

Mit der Oculus Rift scheint für viele Menschen endlich ein Traum in Erfüllung zu gehen. Oculus schafft es, eine virtuelle Umgebung lebensecht darzustellen ohne einen Schritt auf die Straße zu setzen. Auf Events in der Zukunft könnte man sich das so vorstellen, dass alle Eventbesucher die sich für ein bestimmtes Produkt interessieren, in einem Raum sind und jeder eine Oculus Rift auf dem Kopf trägt. In der virtuellen Welt, die dort abgebildet ist, können sie herumlaufen und das Produkt von allen Seiten betrachten und damit interagieren. Zudem könnte man komplette Themenwelten entwickeln, die die Teilnehmer erforschen. Der Aufwand, eine Messehalle etc. auszuschmücken, würde der Vergangenheit angehören. Einzig und allein die Kosten für die Brillen, die Programmierung und Entwicklung der virtuellen Welt würde Aufwand verursachen. Man kann nicht vorhersagen, wie sich Oculus Rift auf Events einsetzten lässt, aber eines ist sicher.

Diese Brille kann den Eventablauf verändern.

Fallbeispiele

3.1 Ahoj Brause

Bei diesem Event ging es darum, eine möglichst schnelle Verbreitung in der avisierten Zielgruppe zu gewährleisten.

Aufgabe

Die Ahoj Brause steht wie keine andere süße Versuchung für prickelnde und spaßige Spritzigkeit. Unter dem Claim „Mach was Prickelndes" wird sie daher seit mehreren Jahren kommuniziert.

Aufgabe war es, diesen Claim in ein nachhaltiges Erlebnis zu übersetzen und dieses als Live Campaign mit Social Media, PR und VKF zu verzahnen.

Zielgruppe waren Kids im Alter von 8 bis 13 Jahren, die, auf der Suche nach zwanglosem und gemeinsamem Spaß, verspielt in die prickelnde Lebenswelt der Ahoj Brause eintauchen sollten. Und das wurde sehr wörtlich genommen.

Idee

Denn nichts ist so erfrischend und prickelnd wie die Ahoj Brause! Außer vielleicht einer gepflegten Arschbombe in einen kühlenden Pool. Erst recht im Sommer. Da lag es nahe, das Produkt in einem nationalen Arschbombencontest erlebbar zu machen, der als Roadshow durch ganz Deutschland tourte.

© Springer Fachmedien Wiesbaden 2016

C. M. Dams, S. Luppold, *Hybride Events*, essentials,

DOI 10.1007/978-3-658-12601-8_3

Abb. 3.1 Ahoj Brause Tüte

Lösung

Die Kernelemente der Live Campaign waren dabei:

- Ein Luftkissen als überdimensioniertes Zitat an die legendäre Ahoj Brause Tüte als Promotiontool für Tausende erfrischender „Arschbomben" ins kühle Nass (siehe Abb. 3.1).
- Ein auffällig gebrandetes Brausemobil, das Sichtkontakte und maximales Interesse der jungen Zielgruppe vor Ort sicherstellte (siehe Abb. 3.2).
- Eine konsequente Verzahnung von echten Arschbomben und deren Protagonisten mit einem Wettbewerb auf Facebook und YouTube zur Sicherstellung der digitalen Verbreitung der Promotion.

So konnten über 1,3 Mio. digitale und analoge Markenerlebnisse in Form von Clicks, Sichtungen und ordentlichen Arschbomben sowie über 500.000 Produkterlebnisse in einem absolut erfrischenden und spaßigen Kontext erzielt werden.

Und nebenbei war die Arschbombentour im viel zitierten Sommerloch für die lokale, aber auch nationale Presse in TV und Print eine dankbare Erfrischung.

Abb. 3.2 Ahoj Brause Mobil

3.2 Ball Packaging Europe

Ein gutes Beispiel einer hybriden Gesamtstrategie, bei der das Event nicht notwendigerweise am Anfang der Kampagne stehen muss, bietet das Beispiel Ball Dosionair.

Aufgabe
Mehrwert heißt, die Marke eines Unternehmens oder deren Produkte mit allen Sinnen zu erleben.

Gerade in einer Zeit, in der es immer schwieriger wird, die Aufmerksamkeit der Consumer zu erhalten, in der man sich im harten Wettbewerbsumfeld differenzieren muss, wird fieberhaft an neuen Kommunikations-Ideen gefeilt und gern auch schon mal auf Bewährtes zurückgegriffen.

Vor dieser Herausforderung stand Ball Packaging Europe, einer der größten Hersteller von Getränkedosen.

Einer Getränkedose Leben einzuhauchen, bedarf es einer allumfassenden Kampagne, die besonders junge Consumer auf vielen Ebenen anspricht und das neu und anders – eben eine 360°-Kampagne.

Die Getränkedose wird laut Marktforschung mit „frisch" und „modern" assoziiert. Jedoch sind viele Konsumenten gegenüber den Umweltargumenten der Getränkedose skeptisch. Die Aufgabe war es also auf innovative Art und Weise und glaubwürdig Vertrauen zu schaffen – in einem erfrischenden Kontext.

Ziel des Content Marketings war es, die starken Umweltargumente zur Geträn-kedose nachhaltig zu verbreiten und die Fakten analog und digital zu kommuni-zieren. Das Erfrischende und Spritzige, das mit der Getränkedose assoziiert wird, sollte zudem genutzt werden, um sie stärker in den Fokus der jungen Konsumenten zu rücken.

Umsetzung

Gerade Hybrid Events sind in der Lage, andere Mediakanäle wie TV, Print, PR und andere in die Marketing-Kommunikation zu integrieren.

So stand auch das Hybrid Event im Mittelpunkt der Live Campaign von Ball. Social Media Maßnahmen führten auf das Event hin.

Hierzu wurde zunächst die Homepage www.dosionair.de geschaltet. Auf dieser Seite konnten kreative und inspirierende Opinionleader ihren Fans ihre Gedanken und Visionen zur Getränkedose mitteilen.

Da die Marktforschung auch zeigte, dass besonders junge Konsumenten gerne Getränkedosen am Kiosk kaufen, übersetzte der „Fresh Up Kiosk" dabei die Idee des Dialogs in einen Pop-Up Kiosk als realen Kontaktpunkt – als Live-Erlebnis.

Und so konnten die Konsumenten die Dose live am „Fresh Up Kiosk" bei den Events der „smart beach tour" erleben – einer Beachvolleyball-Tournee durch deutsche Großstädte – von Norderney über Hamburg bis zum Frankfurter Ross-markt (vgl. Abb. 3.3).

Dosionair.de und die Getränkedose wurden somit mit anderen Live Campaign-Elementen wie Sponsoring (smart beach tour), Promotion, Guerilla-Aktionen, klassischer Kommunikation und PR verzahnt.

Um die lokale Reichweite des Kiosks zu erhöhen, wurden darüber hinaus Rik-schas als mobile Hubs des Kiosks eingesetzt. Drei der fünf eingesetzten Rikschas wurden dabei von Coke-Zero, Warsteiner und Mixery markentypisch bespielt. Alle Rikschas hatten eines gemeinsam: die Generierung von User Generated Content und den Dialog über die Getränkedose. In der Coke-Zero Rikscha konnte gegen Manuel Neuer digital auf dem iPad ein Elfmeterschießen gespielt werden.

Bei Warsteiner gab es eine Rockstar-Fotoaktion, die das Festival Engagement der Marke unterstrich. Das Foto mit den meisten Likes konnte Tickets für das MELT Festival gewinnen.

Die Mixery-Rikscha spielte konsequent das Thema Clubbing und elektroni-sche Musik und lud Passanten zu einem spontanen Kopfhörer-Konzert ein (siehe Abb. 3.4).

Rikscha 4 und 5 erklärten die Themen Augmented Reality und Recycling und sorgten dabei für digitale Interaktion und realen Dialog.

Abb. 3.3 Die „Dose" live erleben am Fresh Up Kiosk

Abb. 3.4 Rikschas im Einsatz für das „Dosen-Event"

Fazit

Eine echte Live Campaign mit dem Hybrid Event als Herzstück der Kommunikation.

Über die konsequente Verzahnung des Kiosks mit Dosionair.de hinaus erfolgte eine Vernetzung der sozialen Medien untereinander.

Durch die konsequente Verzahnung von sowohl digitalen als auch analogen Erlebnissen konnten im Zeitraum von 14 Monate mehr als 10 Mio. Impressions auf Facebook erzielt werden.

Live waren es Edutainment-Elemente wie der Recycling-Dosen-Kicker, die zudem für viel Spaß bei den Besuchern des Kiosks sorgten, sodass sie diese Erlebnisse auch gerne an ihrer Pinnwand mit ihren digitalen Freunden teilten.

Zehn Grundregeln zum Einsatz von hybriden Events

4

Wer wagt, gewinnt

Am besten funktioniert, was neu ist und überrascht. Seien Sie bei der Wahl Ihrer hybriden Strategie mutig und kreativ, denn wer nicht wagt, der nicht gewinnt (VOK DAMS 2012).

Der Besucher ist König

Stellen Sie die Besucher in den Mittelpunkt all Ihrer Aktivitäten. Fragen Sie sich, was sie wirklich wollen, für was sie sich interessieren und was ihnen tatsächlich nützt. Wenn Sie Zweifel haben – fragen Sie doch einfach nach!

Mittendrin, statt nur dabei

Nutzen Sie alle Möglichkeiten, die Ihnen die digitale Welt bietet und scheuen Sie sich nicht davor, Neues selbst auszuprobieren und kennenzulernen. Was zunächst kompliziert erscheinen mag, ist häufig kinderleicht.

Von nichts kommt nichts

Geben Sie Ihrer Zielgruppe Anlass zum Austausch. Bieten Sie spannende Inhalte und Gesprächsthemen. Sorgen Sie aktiv dafür, dass Ihr Unternehmen Beachtung findet.

© Springer Fachmedien Wiesbaden 2016
C. M. Dams, S. Luppold, *Hybride Events,* essentials,
DOI 10.1007/978-3-658-12601-8_4

Wissen ist Macht

Je genauer Sie Ihre Zielgruppen kennen, desto besser können Sie auf sie eingehen. Seien Sie bereit, von Ihren Besuchern zu lernen und kommen Sie Ihnen entgegen. Insbesondere für Netzwerke gilt: Fragen kostet nichts.

Relevanz ist Trumpf

Nur was interessiert, wird auch wahrgenommen. Fragen Sie sich bei jeder Statusmeldung, jedem Twitter-Feed und jedem QR Code, ob Sie Ihren Besuchern einen informativen Mehrwert bieten.

Weniger ist mehr

Nutzen Sie die modernen Kanäle der Zielgruppenansprache, aber nutzen Sie sie in verantwortlichem Maße und beschränken Sie sich auf das Wesentliche.

Gut gespielt ist halb gewonnen

Hybrid Events bieten Raum für spielerischen Umgang mit Produkten, Dienstleistungen und Informationen. Machen Sie Ihre Kommunikation zum Spiel, denn trocken und langweilig kann jeder.

Gut Ding will Weile haben

Hybrid Events sind hoch wirksame Instrumente zur langfristigen Kundenbindung. Bleiben Sie am Ball, verlieren Sie Ihr Ziel nicht aus den Augen und verbessern Sie ständig Ihre Strategie.

Der frühe Vogel fängt den Wurm

Die Zukunft hat bereits begonnen und die Konkurrenz schläft nicht.

Binden Sie Ihre Zielgruppen mit hybriden Eventstrategien frühzeitig an sich, bevor andere es tun.

Was Sie aus diesem Essential mitnehmen können: Hybride Events

Was hybride Events für die Eventbranche bedeuten.

Marketing wird immer mehr von den Consumern getrieben. Ihre Bedürfnisse und ihr Kommunikationsverhalten bestimmen, ob eine Botschaft ankommt oder nicht.

Marketing ist sich klar darüber, dass ich, um mit meiner Zielgruppe 24 h lang zu interagieren, auch Inhalte brauche, die ich durch ein Event kreieren kann. Dadurch verändert sich die Definition des Live-Marketing dahingehend, dass es dabei nicht mehr nur darum geht, ein Event, also ein kurzfristiges Ereignis zu kreieren, sondern darum langfristig gesehen Content zu produzieren und diesen auch entsprechend zu speichern. Das heißt, es verändern sich die Anforderungen an die Eventidee wie auch an die Eventkonzeption. Und dies fördert eine nachhaltige Wirkung.

Damit bilden Hybrid Events die ideale Basis, um nicht nur als ein Kommunikationskanal unter vielen zu agieren. Sie erzeugen Content, der die verschiedenen Kanälen füllt und durch die hybriden Elemente echten Dialog mit der Zielgruppe ermöglicht. So werden Hybrid Events zum Mittelpunkt von ganzen Kampagnen.

Aus klassischen Kampagnen werden Live Campaigns.

Durch hybride Events und Live Campaigns wird das Eventmarketing neu definiert. Das sind Herausforderungen, denen sich Unternehmen aber auch Agenturen stellen müssen.

Also – machen, ausprobieren und erfolgreich kommunizieren!

© Springer Fachmedien Wiesbaden 2016
C. M. Dams, S. Luppold, *Hybride Events,* essentials,
DOI 10.1007/978-3-658-12601-8

Literatur

Behrens, J. (2012). *Social Media im Destinationsmarketing.* Sternenfels: Wissenschaft & Praxis.

Bernard, F., & Luppold, S. (2010). *Mobile Marketing für Messen.* Sternenfels: Wissenschaft & Praxis.

Dams, C. (2011). Hybrid events. In S. Luppold (Hrsg.), *Event-Marketing* (S. 111–116). Sternenfels: Wissenschaft & Praxis.

Dams, C. (2013). Eventmanagement. In M. Dinkel, S. Luppold, & C. Schröer (Hrsg.), *Handbuch Messe-, Kongress- und Eventmanagement* (S. 86–89). Sternenfels: Wissenschaft & Praxis.

Holzbaur, U. (2015). *Nachhaltige Events.* Wiesbaden: Springer.

Holzbaur, U., Jettinger, E., Moser, R., & Zeller, M. (2010). *Eventmanagement* (4. Aufl.). Heidelberg: Springer.

Kirchgeorg, M., Springer, C., & Brühe, C. (2009). *Live communication management.* Wiesbaden: Springer.

Köppel, R. (2013). Von „Eventzentriert" zu „Teilnehmerzentriert". In S. Hirt (Hrsg.), *Event-Management* (S. 61–67). Zürich: Versus.

Leitinger, E. (2013). Hybride events. In M. Dinkel, S. Luppold, & C. Schröer (Hrsg.), *Handbuch Messe-, Kongress- und Eventmanagement* (S. 120–123). Sternenfels: Wissenschaft & Praxis.

Luppold, S. (2011). Keytrends und Entwicklungen im Event-Marketing. In S. Luppold (Hrsg.), *Event-Marketing* (S. 9–18). Sternenfels: Wissenschaft & Praxis.

Luppold, S. (2013). Confertainment. In M. Dinkel, S. Luppold, & C. Schröer (Hrsg.), *Handbuch Messe-, Kongress- und Eventmanagement* (S. 51–52). Sternenfels: Wissenschaft & Praxis.

Nufer, G. (2012). *Event-Marketing und -Management* (4. Aufl.). Wiesbaden: Gabler.

Nufer, G., & Bühler, A. (2015). *Event-Marketing in Sport und Kultur.* Berlin: Erich Schmidt.

Nußbaum, B. (2015). *Im Rampenlicht: Der rote Faden zum Event-Erfolg.* Sternenfels: Wissenschaft & Praxis.

Schäfer-Mehdi, S. (2012). *Event-Marketing* (4. Aufl.). Berlin: Cornelsen Scriptor.

© Springer Fachmedien Wiesbaden 2016
C. M. Dams, S. Luppold, *Hybride Events,* essentials,
DOI 10.1007/978-3-658-12601-8

VOK DAMS Consulting. (Hrsg.). (2011). *Hybrid Events: Innovationstrend im Live-Marketing*.

VOK DAMS Consulting. (Hrsg.). (2012). *Hybrid boosting: Practice review*.

VOK DAMS Consulting. (Hrsg.). (2014). *Hybrid events: Future report*.

Zanger, C. (2013). Eventforschung. In M. Dinkel, S. Luppold, & C. Schröer (Hrsg.), *Handbuch Messe-, Kongress- und Eventmanagement* (S. 79–85). Sternenfels: Wissenschaft & Praxis.